Inhalt

Das Umweltschadensgesetz - Biodiversität hat einen Wert

Kernthesen

Beitrag

Fallbeispiele

Weiterführende Literatur

Impressum

GENIOS WirtschaftsWissen Nr. 08/2008 vom 04.08.2008

Das Umweltschadensgesetz - Biodiversität hat einen Wert

I. Zeilhofer-Ficker

Kernthesen

- Im November 2007 wurde die EU-Umwelthaftungsrichtlinie 2004/35 mit dem Umweltschadensgesetz in nationales Recht überführt.
- Das Gesetz verpflichtet zur Beseitigung von Schädigungen an geschützten Lebensräumen und deren Pflanzen und Tierwelt sowie die Wiederherstellung des ursprünglichen Zustandes.
- Da normale

Betriebshaftpflichtversicherungen diese Maßnahmen nicht abdecken, wurden neue Versicherungsprodukte entwickelt.

Beitrag

Mitte Juli 2008 machte die Kollision von zwei Schiffen auf der Elbe bei Hamburg Schlagzeilen. 140 000 Liter Dieselöl waren ausgelaufen und bedrohten das nahe Süßwasser-Watt-Naturschutzgebiet. Durch sofortige Eindämmungsmaßnahmen konnte die Katastrophe verhindert werden. Für die Schutz- und Eindämmungsmaßnahmen aufkommen müssen der schuldige Schiffseigner und dessen Kapitän und nicht mehr wie in der Vergangenheit der Staat. Denn das Umweltschadensgesetz nimmt alle beruflich Tätigen in die Haftung für geschützte Lebensräume, Pflanzen und Tiere.

Auch Biodiversität wird nun geschützt

Rund 14 Prozent der Landfläche in Deutschland sind Naturschutzgebiete entsprechend der Flora-Fauna-Habitat-Richtlinie. Knapp 1 000 bedrohte Tier- und Pflanzenarten haben darin ihr Zuhause. Durch die

EU-Umwelthaftungsrichtlinie 2004/35 wurden diese Schutzgebiete und die darauf existierende biologische Vielfalt in die Haftpflicht von Berufstätigen aufgenommen. Seit November 2007 ist die Richtlinie durch das Umweltschadensgesetz in nationales Recht umgesetzt, das rückwirkend für Schäden gilt, die seit April 2007 entstanden sind. (1), (2)

Jede natürliche oder juristische Person, die eine berufliche Tätigkeit ausübt, ist davon betroffen, jeder Gewerbetreibende steht hierdurch in der Pflicht, ganz besonders, wenn regelmäßig mit für die Umwelt gefährlichen Stoffen umgegangen wird. So könnte ein Bauer, der Pflanzenschutzmittel lagert oder ein Maler, der Lösungsmittel für die Reinigung seiner Arbeitsgeräte verwendet, einen Umweltschaden verursachen. Für diese Unternehmen gilt eine Haftungsverpflichtung nur, wenn die Umwelt vorsätzlich oder fahrlässig geschädigt wird. Die Betreiber von genehmigungspflichtigen Anlagen (z. B. Kraftwerke, Abfallbewirtschaftung) sowie Unternehmen, die mit der Herstellung oder Verwendung von gefährlichen Stoffen laut Chemikaliengesetz oder Gentechnikverordnung beschäftigt sind (z. B. Chemie- und Pharmaunternehmen) haften dagegen verschuldensunabhängig. Dabei geht die Gesetzgebung soweit, dass im Schadensfall nicht nur juristische Personen sondern auch

Gesellschaftsorgane persönlich haftbar gemacht werden können. (1), (3), (4)

Diese Tatsachen sind vor allem bei kleinen und mittleren Unternehmen weitgehend unbekannt. Laut einer Studie der Psychonomics AG im Auftrag der AXA-Versicherung kennen rund 57 Prozent aller KMU noch nicht einmal den Begriff Umweltschadensgesetz. Dabei sind fast 97 Prozent aller Betriebsstandorte weniger als zehn Kilometer, 40 Prozent weniger als einen Kilometer von einem Naturschutzgebiet entfernt, vier Prozent aller Unternehmen befinden sich sogar inmitten eines Schutzgebietes. (4), (5), (6)

Das Risiko eines Umweltschadens ist für viele Unternehmen also groß. Chemikalien oder Treibstoffe können auslaufen oder in Brand geraten, geschützte Pflanzen und Tiere dadurch zerstört, Lebensräume vernichtet werden. (6)

Was ist im Schadensfall zu tun

Natürlich ist jeder beruflich Tätige verpflichtet, in erster Linie alles zur Vermeidung von Umweltschäden Mögliche zu tun. Ausgenommen von dieser Pflicht sind nur behördlich genehmigte Verschmutzungen wie beispielsweise die Einleitung von Schadstoffen geringer Konzentration in Flüsse oder Seen oder CO_2-Emissionen in die Luft. (1)

Droht ein Umweltschaden, so sind alle möglichen Maßnahmen zur Vermeidung zu ergreifen. Ist ein Schaden bereits entstanden, so ist er so weit wie möglich einzugrenzen. Geschädigte Gebiete sind zu sanieren und der ursprüngliche Zustand des Gebietes ist wiederherzustellen. Das heißt, nach einer Reinigung des verschmutzten Bodens oder des Gewässers sind vernichtete bedrohte Pflanzenarten wieder anzubauen, vertriebene oder getötete Tiere wieder anzusiedeln. Nur wenn diese primäre Sanierung absolut unmöglich ist, muss eine ergänzende bzw. ausgleichende Sanierung (z. B. an einem anderen Ort) durchgeführt werden. Die zuständigen Behören sind auf jeden Fall sofort zu benachrichtigen. (1), (2), (3), (4)

Mit Ausgleichszahlungen kann man sich also nun nicht mehr so einfach aus der Verantwortung stehlen. Denn zu veranlassen hat all diese Maßnahmen nicht mehr der Staat, sondern der Schädiger. Nur wenn dieser trotz Aufforderung durch die Behörden nicht tätig wird, veranlassen staatliche Stellen entsprechende Aktionen und stellen sie dem Verursacher in Rechnung. Werden auch die Behörden nicht tätig, so können anerkannte

Umweltschutzorganisationen Klage einreichen. (1), (4)

Versicherung ist ratsam

Die Sanierung eines Schutzgebietes kann schnell viele Millionen Euro an Kosten verursachen. Ein dummer Unfall kann daher nicht nur die Existenz eines Unternehmens sondern auch das persönliche Vermögen von Unfallverursachern oder Geschäftsführern bedrohen. Weder die Betriebshaftpflicht- noch die Umwelthaftpflichtversicherung treten im Normalfall für diese Schäden ein. Es ist deshalb ratsam, eine Umweltschadensversicherung abzuschließen. Alle größeren Versicherungen haben solche Produkte mittlerweile im Programm, allerdings sind die Bedingungen der einzelnen Gesellschaften sehr unterschiedlich. (7)

Der Gesamtverband der Deutschen Versicherungswirtschaft e. V. (GDV) hat allgemeine Versicherungsbedingungen für die Umweltschadensversicherung herausgegeben, die allerdings viele Schadenstatbestände ausschließen. So sind beispielsweise Schäden aus dem Normalbetrieb nicht enthalten, Arbeiten mit gentechnisch veränderten Organismen grundsätzlich nicht versichert. Doch nicht alle Versicherungsgesellschaften halten sich an die Bedingungen der GDV, die sich als eher praxisfremd herausgestellt haben. Einige Versicherungen bieten deshalb neben der Grunddeckung, die dem GDV-Vorschlag entspricht, Zusatzbausteine an, die beispielsweise die Sanierung eigener Grundstücke oder den Verzicht der Betriebsstörungserfordernis abdecken. (6), (8), (9)

Grundlage einer Umweltschadensversicherung wird aber immer eine detaillierte Risikoanalyse sein. Dabei muss geklärt werden, welche gefährlichen Stoffe hergestellt, verwendet oder gelagert werden, wie nah der Betriebsstandort an ein Naturschutzgebiet heranreicht und ob gefährliche Produkte auf fremden Grundstücken genutzt werden. Je nach Risiko sind erhebliche Unterschiede in der Höhe der Versicherungsprämien feststellbar. (6)

Fallbeispiele

Gefahrguttransporte egal ob auf Straße, Schiene oder dem Wasser sind häufig Ursache für Umweltschäden. Im Frühling 2008 verursachte ein Unfall mit einem mit Heizöl beladenen Tankwagen die Verunreinigung eines Flusses in einem Nationalpark. Durch sofortige Eindämmungsmaßnahmen der Feuerwehr sowie einer umgehenden Reinigung des Flusses konnte eine weiträumige Vernichtung von Tieren, Pflanzen und Lebensräumen verhindert werden. Nach nur acht Wochen waren alle Reinigungsmaßnahmen abgeschlossen, die natürlichen Lebensräume sind kaum mehr beeinträchtigt. (11)

Die R + V Versicherung nennt ihre Umweltschadensversicherung NaturschutzPolice. Ein mittelgroßer Landwirtschaftsbetrieb mit Öltanks und Düngemittellager zahlt bei der R + V eine Prämie von 2 000 Euro netto im Jahr, ein Küchenstudio mit Heizöltank rund 700 Euro. Neben der Grunddeckung sind hierbei auch die Zusatzbausteine für die Sanierung von eigenem Boden, Grundstücken und Grundwasser eingeschlossen. (6)

Umfassende Informationen zum Thema EU-Umwelthaftungsrichtlinie, Umweltschadensgesetz und Umweltschadensversicherung liefert das gleichnamige Buch des Verlags Versicherungswirtschaft GmbH, Karlsruhe (ISBN 978-3-89952-382-9). Es ist für 35 Euro im Buchhandel erhältlich. (12)

Weiterführende Literatur

(1) Das neue Umweltschadensgesetz
aus Versicherungsrecht Aufsätze, 1.5.2008, 59.Jg., Nr. 13, S. 565

(2) Hoher Ermittlungsaufwand
aus Gefahr, Heft 07/2008, S. 18-21

(3) Risikomanagement in Druckereien
aus Deutscher Drucker Nr. 05 vom 07.02.2008 Seite 35

(4) Umweltschäden gesetzeskonform zu beseitigen ist schwierig geworden
aus VDI NR. 13 VOM 28.03.2008 SEITE 8

(5) Was kostet eine Fledermaus?
aus Versicherungswirtschaft, 15.5.2008, 63.Jg., Nr. 10, S. 836

(6) 17 Hamster für zwei Millionen Euro
aus Versicherungsjournal.de, Ausgabe vom 14.11.2007
:

(7) AXA: Versicherung gegen Umweltschäden - Die Antwort auf das Umweltschadensgesetz
aus AssCompact Nr. 10 vom 05.10.2007 Seite 064

(8) Die Umweltschadensversicherung des GDV im Lichte des USchadG (Teil II)
aus Die Versicherungspraxis, Heft 11/2007, S. 201-207

(9) Entwicklungen zur Umweltschadensversicherung

(USV)
aus Die Versicherungspraxis, Heft 12/2007, S. 229

(10) »Umweltschutzgesetz birgt noch viele Risiken«
aus DVZ, Nr. 077 vom 26.06.2008

(11) Haftung im Fluss
aus DVZ, Nr. BGEF vom 07.06.2008

(12) EU-Umwelthaftungsrichtlinie, Umweltschadensgesetz und Umweltschadensversicherung
aus Versicherungsrecht Aufsätze, 1.4.2008, 59.Jg., Nr. 10, S. 474

Impressum

Das Umweltschadensgesetz - Biodiversität hat einen Wert

Bibliografische Information der deutschen Nationalbibliothek

Die Deutsche Nationalbibliothek verzeichnet diese Publikation in der deutschen Nationalbibliografie; detaillierte bibliografische Daten sind im Internet über http://dnb.d-nb.de abrufbar.

ISBN: 978-3-7379-1490-1

© 2015 GBI-Genios Deutsche Wirtschaftsdatenbank GmbH, Freischützstraße 96, 81927 München, www.genios.de

Alle Rechte vorbehalten. Dieses Werk ist einschließlich aller seiner Teile – z.B. Texte, Tabellen und Grafiken - urheberrechtlich geschützt. Jede Verwertung außerhalb der Grenzen des Urheberrechtsgesetzes bedarf der vorherigen Zustimmung des Verlags. Dies gilt insbesondere auch für auszugsweise Nachdrucke, fotomechanische Vervielfältigungen (Fotokopie/Mikroskopie), Übersetzungen, Auswertungen durch Datenbanken oder ähnliche Einrichtungen und die Einspeicherung und Verarbeitung in elektronischen Systemen.